# Quantenräume

*erkennen ...*
*und anwenden*

 G3

**Dipl.-Soz. Frauke Kaluzinski**

**August 2011**

Originalausgabe 08/2011

**Copyright by Frauke Kaluzinski**
www.heilehaus-holtorfsloh.de

**Herstellung und Verlag:**
Books on Demand GmbH,
Norderstedt

**Layout**
Ricarda Block
www.rb-artworks.de

**ISBN**
978-3-8423-8086-8

## Quantenträume

Quanten kennen keine Schranken
du solltest ihnen danken
wenn ohne Zeit und ohne Raum
sie wandeln sich zu deinem Traum
zum Spiegel deiner Phantasie
es ward Materie, so hart, wie nie.

Fortsetzung folgt S. 72

ଔଷ

**Frauke Kaluzinski** wurde 1963 in Lüneburg geboren. Nach dem Besuch der 12. Klasse Highschool Hudson/Ohio folgte die Fachhochschulreife in Grafik/Gestaltung in Hamburg. Ein großes Interesse an „menschlichen Verhaltensnormen" führten sie zum Hochschulstudium der Soziologie und Wirtschaft. Die abschließende Diplomarbeit beinhaltete eine Gegenüberstellung der Lehren von C. G. Jung und Martin Buber. Zeitlebens mit der eigenen Daseinsfrage beschäftigt, suchte die Mutter zweier Kinder unermüdlich nach Lebensantworten in der Psychologie, den großen Weltreligionen, esoterischen Trends und nicht zuletzt in der Quantenphysik.

„Was bedeutet es Mensch zu sein? Wozu sind wir hier? Und warum verhalten wir Menschen uns oftmals so widersinnig?

Das Verschmelzen der oben genannten Fachbereiche in die neuere Quantenphilosophie brachte den erhofften Durchbruch. Die Mosaiksteinchen fügten sich zusammen zu einer verblüffend einfachen Formel:

### Der Weg zum Tun ist zu sein.
Lao Tse

# Inhalt

# Einführung

Wie groß ist das Universum? Ich gehe mit meinen Gedanken bis ans Ende der Welt und darüber hinaus. Was ist dort? Vielleicht nicht geoffenbartes SEIN - die Ursuppe - das Nichts - Gott - Geist - die Liebe im Verborgenen? Doch Gott ist in die Offenbarung gegangen, sonst gäbe es uns nicht.

**Am Anfang war das Wort. Der Gedanke.**

**Materie ist** In-Formation gebrachte Ursuppe
**Materie ist** kondensiertes Licht
**Materie ist** das Photon, wenn es beobachtet, gemessen wird

Wer beobachtet - wer misst - wer beurteilt? Der Mensch, - ICH -. Bin ich nur das Geschöpf oder bin ich auch Schöpfer? Die Erkenntnisse der Quantenmechanik führen zu faszinierenden Antworten. Ein Weltbild, das alles auf den Kopf stellt. Doch einmal verinnerlicht, führt es direkt zum Quantensprung, dem erweiterten Bewusstsein des Mensch-SEINS.

၆

Wer die Wahrheit sucht,
darf nicht erschrecken,
wenn er sie findet.

*Chinesische Weisheit*

၆

# 1. Der Quantensprung

Es wird derzeit von einem bevorstehenden Quantensprung des menschlichen Bewusstseins gesprochen. In meiner Wahrnehmung birgt dieses die Möglichkeit, dass der Mensch sich in zwei diametral gegenüber liegende Richtungen entwickeln kann.

Der Mensch ist hier auf Erden primär bewusst auf die Materie gerichtet. Materie beinhaltet in diesem Zusammenhang in zunehmendem Maße auch die bewusste Wahrnehmung und Einbeziehung der feinstofflichen Gebiete, wie zum Beispiel der Äther-, Astral- und Mentalsphären. Der Mensch muss im Kampf ums Überleben Wege und Methoden finden, die ihm ein Fortbestehen in stofflicher Hinsicht hier auf der Erde gewährleisten. Mensch, Natur und Atmosphäre sind bis aufs kleinste Detail aufeinander abgestimmt. Eine relativ geringe Veränderung der Atmosphäre in Druck, Zusammensetzung oder Schwingungszustand könnte umgehend jegliches Leben auf dem Planeten Erde zunichte machen.

Mit dem Beginn des 3. Jahrtausends geht ein großer Zyklus von 26.000 Jahren, ein so genanntes Sternenjahr, zu Ende.

Ich frage mich: „Wo steht die Menschheit am Ende dieser Zeit und wo geht sie hin?"

Die Zeit der Materie, des immer mehr und größer und imposanter, scheint an Zugkraft zu verlieren. Vielmehr wird das Augenmerk zunehmend auf die kleinen Dinge der Welt, ja - die allerkleinsten Dinge der Welt, die eigentlich schon keine Dinge mehr sind - gelenkt. Lichtphotonen, Strings und „das Feld" bestimmen mehr und mehr die Schlagzeilen aktueller Forschung.

Ist der Mensch göttliche Schöpfung oder aber Mitschöpfer Gottes? Alles ist und wird möglich und denkbar. Gestalten wir unsere eigene Welt - oder sogar jeder seine eigene Welt - hängt alles vom Beobachter ab - oder gibt es auch im objektiven Sinn die Welt dort draußen?

Ein Thema, welches, sollten Sie es noch nicht für sich entdeckt haben, ganz neue synaptische Verbindungen im Gehirn erfordert und bei etwas Forschergeist im Blut eine erstaunliche Eigendynamik entwickelt. So erging es mir, als mir die Themen der Quantenphysik und Quantenphilosophie im Leben begegneten.

Erstaunt und überaus zufrieden nahm ich zur Kenntnis, dass unser (noch) freies Internet eine

Vielzahl an wunderbaren Informationen, Videos und Diskussionsforen bereitstellt.

Selbst mehr im Bereich der Geisteswissenschaften beheimatet, ist es mir auch gelungen, mich dem weiten Feld der Naturwissenschaft „von zu Hause aus" zu nähern.

Wie oft ging mir noch während des Betrachtens von physikalischen Experimenten via YouTube ein „Licht" auf, und neue, kaum greifbare Impressionen und Ahnungen bemühten sich, in meinem Kopf zu landen.

Die Inhalte dieses Buches bewegen sich im Spannungsfeld zwischen Welle und Teilchen Geschöpf und Schöpfer, oder mit den Worten von Erich Fromm: „Haben oder Sein"

Was nun folgt, ist der Versuch, etwas in Worte zu fassen, was schwer in Worte zu fassen ist, denn es entspricht einer menschlichen, in meinem Fall weiblichen Erfahrung, die sich tief im Innersten abspielt und zu einer Gewissheit wird. Es ist kein persönlicher Besitz und kann dieses auch niemals werden, denn dort, wo diese Erfahrung ihren Beginn hat, löst sich das Persönliche auf. Und doch kann diese Erfahrung von jedem, der sich dafür öffnet, augenblicklich nachvollzogen und erlebt werden.

## 2. Max Planck über Gott

*"So sehen wir uns durch das ganze Leben hindurch einer höheren Macht unterworfen, deren Wesen wir vom Standpunkt der exakten Wissenschaft aus niemals werden ergründen können, die sich aber auch von niemandem, der einigermaßen nachdenkt, ignorieren lässt. Hier gibt es für einen besinnlichen Menschen nur zwei Arten der Einstellung zwischen denen er wählen kann:*

*Entweder Angst und feindseliger Widerstand oder Ehrfurcht und vertrauensvolle Hingabe.*

*In jedem Falle bleibt dem Einzelnen nichts übrig, als in seinem Lebenskampf geduldig und tapfer auszuharren und dem Willen der höheren Macht, die über ihn wacht, sich zu beugen."*

# Welle

# Teilchen

●

## 3. Welle oder Teilchen?

Über das Phänomen Licht rätselt man in der Physik schon seit langem. Verhalten sich Lichtphotonen wie Teilchen oder entsprechen sie eher dem Verhaltensmuster von Wasserwellen?

In der Quantenphysik hat diese Fragestellung zu sehr verblüffenden Ergebnissen geführt. In einem für Nicht-Wissenschaftler auf diesem Gebiet (so wie mir und vielleicht vielen von Ihnen) recht anschaulichen Versuchsaufbau, dem so genannten "Doppelspaltexperiment", wird dem Beobachter beeindruckend vor Augen geführt, wovon hier die Rede ist.

Nehmen Sie sich die Zeit und klicken Sie auf YouTube einen Kurzfilm mit dem Suchbegriff "Doppelspaltexperiment Quantenphysik" an. Sollten Sie sich noch nicht mit dieser Thematik beschäftigt haben, verspreche ich Ihnen, dass Ihr Weltbild ins Wanken gerät; und nicht nur Ihr Weltbild. Mit jeder Antwort, die die Physiker durch solche Experimente auf Ihre Fragen erhalten, entstehen 1000 neue Fragen.

*„Unser Wissen ist ein Tropfen, was wir nicht wissen, ein Ozean."* Sir Isaak Newton.

Ich hatte mir zunächst vorgenommen, den Doppelspaltversuch hier im Buch kurz zu skizzieren, bin jedoch davon abgekommen. Schenken Sie Ihrem Leben diese Inspiration aktueller Quantenwissenschaft. Das Internet bietet in dieser Beziehung ein wirklich reichhaltiges Angebot, und es kommen erstaunliche Informationen zum Vorschein! Und denken sie nicht, sie würden es nicht verstehen. Unser Problem ist häufig, dass wir zu kompliziert denken. Es könnte Ihnen sogar passieren, dass Ihr TV für die nächste Zeit "aus" bleibt und Sie statt dessen auf "Abenteuertour" ins Internet gehen. Doch selbst dieser "Informationsreichtum" ist ein NICHTS im Vergleich zu dem Potential, das Sie in sich tragen. Sollten Sie also über gar keinen Internetanschluss verfügen und auch das Doppelspaltexperiment nicht kennen, appelliere ich nun an Ihre Intuition.

Ziel des Buches ist es, komplexe Zusammenhänge "im wahrsten Sinne des Wortes" auf den **Punkt** zu bringen oder aber auf eine gemeinsame

**Wellenlänge.**

**Welle ~ oder Teilchen · ?**

**Geschöpf ~ oder Schöpfer · ?**

Warum kann von einem bestimmten Blickwinkel aus gesagt werden, dass es sich um exakt die gleiche Frage handelt?

**"Materie ist gefrorenes Licht."**

*Nobelpreisträger David Bohm und Albert Szent-Györgyi*

$E = mc^2$, Relativitätstheorie von *Albert Einstein*

*Die Masse (m) kann als konzentrierte Form von Energie (E) betrachtet werden, verbunden durch das Quadrat der Lichtgeschwindigkeit c (299 792 Kilometer pro Sekunde).* Anders ausgedrückt: Materie ist Energie, und diese besteht aus Schwingungen. Alles schwingt, auch unser Körper.

**"Ich bin das Licht der Welt."** *Joh. 8, Vers 12*

„Wer mir nachfolgt, der wird nicht in der Finsternis bleiben, sondern wird das Licht des Lebens haben." *Christus*

**"Im Anfang war das Wort ~, und das Wort ~ war bei Gott ·, und Gott · war das Wort ~.**

**Alle Dinge sind durch das Wort ~ gemacht, und ohne das Wort ~ ist nichts gemacht.**

Für alles, was geworden ist, war in ihm das Leben, und das Leben war das Licht der Menschen. Und das Licht scheint in der Finsternis, aber die Finsternis hat's nicht begriffen. *Joh. 1, Vers 1-3*

# Geschöpf

# Schöpfer

●

## 4. Geschöpf oder Schöpfer?

Und das Wort ~ wurde Mensch ~ und wohnte unter uns, und wir sahen seine Herrlichkeit ~ die Herrlichkeit ~ des einzigen Sohnes ~ die vom Vater · ~ kommt, voller Gnade ~ und Wahrheit ~ .

Johannes legt Zeugnis für Ihn ~ ab und ruft: Dieser ~ war es, von dem ich gesagt habe: Nach mir wird der ~ kommen, der ~ mehr ist, als ich; denn er ~ ist vor mir gewesen. Und von seinem Reichtum ~ haben wir alle genommen Gnade ~ um Gnade ~ .

Denn das Gesetz ist durch Mose gegeben; die Gnade ~ und Wahrheit ~ ist durch Jesus Christus ~ gekommen. Niemand hat Gott · je gesehen; der einzige Sohn ~ , der Gott © ist und der im Schoß des Vaters © ist, der ~ hat ihn · uns verkündigt.

*Joh. 1, Vers 14-18*

**Gott · = © =  vor der Schöpfung**

**Gott · + Sohn ~ =  · ~  =**

**die Schöpfung**

# Gott - Mensch

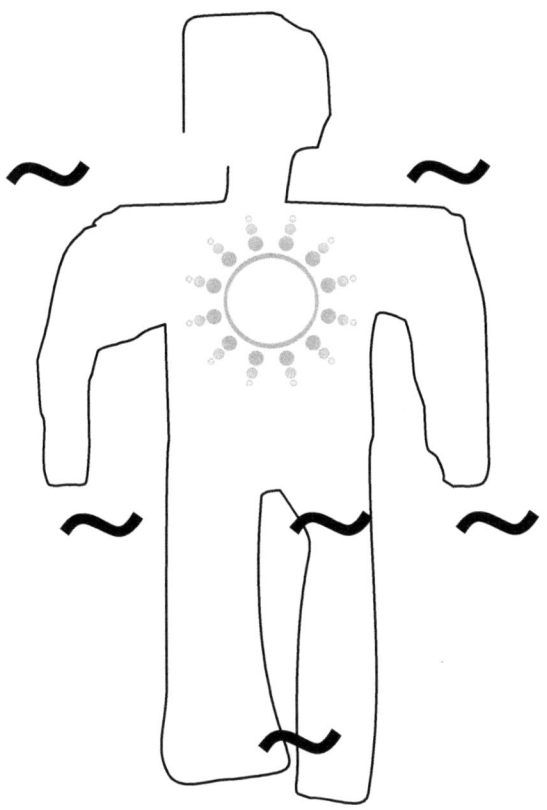

## 5. Ein Appell an die Leser

Vielleicht haben Sie die vorgestellten Seiten im Nu überflogen und fragen sich nun, was das alles bedeutet.

Dieses Buch versucht sich dem Phänomen Schöpfung von einer inneren Schau her zu nähern. Es sucht die Stille - Ihre Gemütsruhe - Ihre Hingabe und Ihr Wiedererkennen.

Der Mensch trägt das Allwissen in sich, dieses ist nur von vielen eigenwilligen Denkmustern überlagert.

Im Folgenden werden einige Denker und Wissenschaftler zitiert, um meine Denkansätze nachvollziehbar zu machen. Das, was sich mir als innere Schau offenbart, findet sich auch in anderen Forschungsergebnissen und Denkansätzen bestätigt. In unserem Kulturkreis ist es nach wie vor so, dass das Gefäß Mensch mit möglichst vielen Inhalten, Titeln und Fachwissen gefüllt sein muss, damit die gesprochenen Worte Anerkennung finden. Auch mein Weg ist durchs Studium der Soziologie, über C. G. Jung und Martin Buber gegangen. Die universelle Lehre, welche durch all die Lichtbringer der vergangenen Jahrtausende ausgetragen wurde, war mir eine tägliche Speise. Und doch sind die Inhalte in diesem Buch mehr noch aus einem inneren "Leer sein" entstanden.

In Momenten der Stille und Hingabe, in einem Feld der Leere entsteht ein Freiraum, in welchem die Dinge von selbst zueinander fließen. Dieses hat nichts mit Untätigkeit oder stundenlanger Meditation zu tun. Es sind nur die eigenen Gedankenkarussells und die diversen Gefühlswallungen, die für eine Weile zur Ruhe gekommen sind.

Während ich dieses Buch schrieb, habe ich Bekanntschaft mit der „2-Punkt-Methode" gemacht, auch unter dem Namen Quantenheilung oder Matrix Energetics zu finden. Der soeben genannte Satz; **„In Momenten der Stille und Hingabe, in einem Feld der Leere entsteht ein Freiraum, in welchem die Dinge von selbst zueinander fließen"**, bekommt darin nochmals eine sehr hervorzuhebende Bedeutung. In mir verdichtet sich die Erkenntnis, dass wir Menschen hautnah vor einer alles verändernden Einsicht stehen. Die 2-Punkt-Methode lehrt unter anderem, dass, wenn das Bewusstsein eines Menschen sich auf 2 Punkte gleichzeitig konzentriert, dieses eine Tür in eine weitere Daseinsebene öffnet. Mit dieser Methode gelangt man in das reine Bewusstseinsfeld, der Matrix von allem. Wir verlassen das Fokussierte - das durch unseren Blickwinkel „Bestimmte - Festgelegte - die Blockade" und gelangen in die Urinformation. Zu begreifen, was diese Methode für uns Menschen wirklich bedeuten kann, ist in meinen Augen die Herausforderung der kommenden Zeit. Durch diese

Methode werden wir wieder in die Lage versetzt, reinere und klarere Gefäße für das Licht zu werden. Ob sich ein Menschenkind dann für den Geist der Liebe oder aber für die „zweifelhafte Materie" und dessen Handlanger entscheidet, bleibt jedem selbst überlassen.

Mehr zur 2-Punkt-Methode befinde sich am Ende des Buches.

Zum besseren Verständnis möchte ich noch erwähnen, dass im ersten Teil des Buches ganz bewusst von mir der Anfang der Anfänge gewählt wurde.

Gott - die erste und alleinige Dimension vor der Schöpfung - das ALLES oder eben das NICHTS - offenbart sich selbst durch die zweite Dimension - das Wort - den Sohn - die Welle - oder Schwingung. Diese Welle schwingt durch die Ursubstanz. Die „Himmlische Welt".

Betrachten wir die Schöpfung in Raum und Zeit, wird sie zur Spirale - die Form wird geboren. Spins - DNS - Chakren - Wirbelstürme - Planetenumlaufbahnen - Milchstraßen - Galaxien.

Die spiralförmige Bewegung hängt unmittelbar mit der Entstehung von "fester" Materie zusammen. Denn das, was uns scheinbar als starre Materie begegnet, ist wie lange bewiesen, ein Meer von Schwingungen und korrespondierenden Kräften.

Masuro Emoto, ein japanischer Wissenschaftler, konnte sehr anschaulich nachweisen, dass Eiskristalle die Manifestation von Schwingungen spezieller Informationen verkörpern. In zehntausenden von Versuchen hat er herausgefunden, dass Wasser nicht nur gute und schlechte Informationen, Musik und Worte, sondern auch Gefühle und Bewusstsein speichert.

**Wasserkristall „Danke"**

*Der Kristall von Beethovens 9. Sinfonie*
*Freude schöner Götterfunken*
*sieht übrigens ganz ähnlich aus.*

http://www.youtube.com/watch?v=wJ7cc4Qc_eM

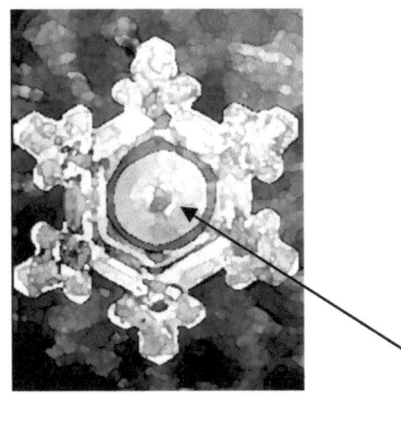

Ursuppe

Eines der schönsten aber auch schlichtesten Kristalle ist der Wasserkristall, der durch die Information „DANKE" entsteht.

In meinen Augen ist es das perfekte Sinnbild für den Übergang von etwas Ungeoffenbartem (der Ursuppe) hin zur „In-Formation" gebrachten Materie. Besonders hervorzuheben ist die Nähe zum Wort Gedanken. Wer kann DANKEN GEhen?

### Der Mensch

Die Ursuppe in der Mitte ist unstrukturiert. Nach außen hin beginnt die Formation, die Struktur, die Differenzierung, der spezifische Ausdruck.

In dem oben genannten YouTube-Film heißt es unter anderem:

*„ Wir wissen, dass Wasser, wenn es eine gute Energie enthält, einen Kristall in Form eines Hexagons bildet. Der Grund dafür ist die Manifestation von Vibration (= Hado), welches die ultimative Quelle von Energie ist." Informiert man das Wasser jedoch mit dem Wort „Dummkopf", dann wird erst gar kein Kristall gebildet."*

Nun besteht der Mensch zu fast 80% aus Wasser. Somit ist es recht naheliegend, dass unsere Gedanken einen unmittelbaren Einfluss auf den energetischen Zustand des Köpers haben.

Die Schwingung wird in geometrische Krafträume eingebunden. Diese werden zusammengehalten durch das entsprechende geistige Prinzip, welches dahinter steht.

Zum Thema „aus der Ursuppe entsteht die Formation" siehe auch Prof. Dr. Dürr (am Ende des Films): http://www.youtube.com/watch?v=Q6jsvpGkphY&NR=1

## 6. Die In-Form-ation ist entstanden

Diese Information kann durchaus von einer Substanz auf eine andere übertragen werden; siehe das Phänomen der Verschränkung oder auch die Wirkungsweise von homöophatischen Heilmitteln.

Meine Absicht besteht nicht darin, weltanschauliche Dinge und Paradigmen wissenschaftlich zu untersuchen und darzulegen. Das Vermögen, das mir geschenkt ist, bewegt sich auf dem Gebiet des intuitiven Erfassens. Vielleicht liegt aber genau hier die Chance für das menschliche Bewusstsein, so ein komplexes Thema, wie das der Schöpfung, "nachdenkbar" zu machen.

Der Mensch des nun neu beginnenden Weltzeitalters (ab 2001 Aufzeichnungen der Großen Pyramide oder 2012 der Mayakalender), bewegt sich aktuell durch die tiefste Finsternis. Das Überqueren der Sonne über den galaktischen Äquator (nachzulesen bei Greg Bradden/Fractal Time) ist nur der sichtbare äußere Ausdruck eines auf den

Menschen bezogenen abgetrennten Daseins zum Ursprung - zur Quelle.

Es bestand und besteht zu jedem Zeitpunkt die Möglichkeit, wieder mit der Quelle und dadurch auch mit der Urmatrix in Resonanz zu gehen. Das Vollkommene umgibt uns zu jeder Zeit - das Problem kennt immer schon die Lösung - nur dass unsere individuelle Resonanzstruktur durch vielerlei „Gedanken und Gefühle" auf geradezu professionelle Weise die (Ein)Sicht versperrt. Vielen Menschen wird zurzeit bewusst, dass wir uns an einer Grenze befinden.

Unser Auf- oder Untergang hängt von einer einzigen Entscheidung ab, persönlich als auch kollektiv. Da jeder von uns letztendlich nur für sich selbst entscheiden kann, liegt genau hier der eigene Aktionsradius.

**Nichts ändert sich,
außer ich ändere mich.
Alles ändert sich,
sobald ich mich verändere.**

Ein Satz, der es in sich trägt und eine große Tragweite beinhaltet. Oftmals ist es nur die Art und Weise, wie wir auf Dinge schauen, die sich verändert.

## 7. Worum drehen sich unsere Gedanken?

Und dieses ist jetzt wirklich wörtlich aufzufassen. Drehen sich unsere Gedanken (die Spins der Lichtphotonen) um geistige Dinge - will sich *unser* Licht wieder mit dem göttlichen Licht verbinden und mit diesem in Resonanz gehen oder "bohren" wir materiellen Wesen uns weiter in die Materie?

Mit welcher Wahrnehmung unseres Seins verbinden wir uns? Geist/Seele oder Materie - Welle oder Teilchen? Ein Teil ist immer ein Teil vom Ganzen. Ein Teil sein bedeutet also in sich selbst schon "getrennt" sein. Als irdisch materieller Körper sind wir getrennt, da kommen wir nicht darum herum. Als Lichtwesen oder Lichtleib bilden wir einen Körper aus vielen Zellen und unterliegen einer komplett anderen Kraftlinienstruktur und anderen "Naturgesetzen", die mit unserer Natur nur noch die Analogien gemein haben.

Goethe kannte diesen Gedanken:

*"Zwei Seelen wohnen, ach! in meiner Brust,*
*die eine will sich von der andern trennen:*
*Die eine hält in derber Liebeslust*
*sich an die Welt mit klammernden Organen;*
*die andre hebt gewaltsam sich vom Dust*
*zu den Gefilden hoher Ahnen. (Faust)*

# 8. Es ist alles eine Frage der Umwendung

Die Zeit dreht sich rechts herum, oder auch linear - immer weiter und weiter. Was wäre, wenn die Zeit sich zurück dreht?

### Der Derwisch dreht sich links herum
Welch ein Tanz?

Dieses Ritual des Sema fand seinen Ursprung in einer Inspiration von dem orientalischen Philosophen Mevlana Celaleddin Rumi.

Hier ein kleiner Ausschnitt aus dem "Delphin Magazin" ARALIK/Zwischenraum/2009

*Es ist wissenschaftlich anerkannt, dass die grundlegende Voraussetzung für unsere Existenz eine Drehbewegung ist. Es gibt kein Wesen oder Objekt, das sich nicht dreht, denn alle Wesen bestehen aus Atomen mit kreisenden Elektronen, Protonen und Neutronen. Alles kreist, und der Mensch lebt dank der Teilchenbewegung, dem Blutkreislauf und den Lebenszyklen mit dem Erscheinen aus der Erde und dem Wiederkehren zur Erde. Nun, all diese Bewegungen sind natürlich und unbewusst. Doch der Mensch besitzt Bewusstsein und Intelligenz, was ihn von anderen Lebewesen unterscheidet. Somit nimmt der drehende Derwisch oder Semazen absichtlich und*

*bewusst an den Bewegungen teil, denen alle
Lebewesen unterworfen sind.*

*Entgegen der üblichen Meinung ist es nicht das
Ziel des Semazen, in Ekstase zu verfallen.
Vielmehr dreht er in Harmonie mit der Natur, mit
den kleinsten Zellen und den Sternen am
Himmelsgewölbe, und ist damit Zeuge für die
Majestät und Existenz des Schöpfers; er denkt an
IHN, gibt IHM allen Dank und betet zu IHM.*

"…er denkt an IHN, gibt IHM allen Dank und betet
zu IHM".

Wo liegt der gemeinsame Nenner aller Religionen,
Weltanschauungsmodellen und dem menschlichen
Streben? Gibt es ein gemeinsames Ziel? Kann dieses
Ziel von jedem in gleichem Maße gefunden und vor
allem gegangen werden? Wie kann ein "Teilchen"
wieder mit dem Ganzen verbunden werden?

Angesichts der Vielzahl an (Religions-) Kriegen,
dem Streit und dem sozialen Ungleichgewicht auf
der Welt, ist man schnell geneigt diese Fragen zu
verneinen. Aber sollte nicht jeder Mensch über das
gleiche Ausgangspotential verfügen, dem
menschlichen Daseinsziel zu entsprechen? Jeder
Mensch muss inwendig mit allem ausgerüstet sein,
um zu jeder Zeit nach eigenem Entschluss den

Rückweg zur Quelle anzutreten. Dieses war und ist seit jeher meine Überzeugung - ein inneres Wissen, welches mir vom Anbeginn mitgegeben wurde. Alles andere macht keinen Sinn auf lange Sicht. Und im tiefsten Inneren wusste ich auch immer, dass es einen ganz einfachen und nahe liegenden Zugang gibt. Niemand muss Übermenschliches vollbringen, um diesen Weg anzutreten. Das Übermenschliche muss nicht der irdische Mensch vollbringen, sondern dieses Göttliche wird in ihn hineingeboren oder besser „wieder auferweckt".

Frage:

## 9. Wird das Geschöpf seinen Schöpfer einst von Angesicht zu Angesicht erblicken?

Meine Antwort ist - Ja! Und der Weg dorthin ist näher als Hände und Füße.

Christus spricht: *"Ich bin das Licht der Welt."*

Modern ausgedrückt: Ich bin das Lichtphoton, das kohärente Licht, das Leben in allem, allgegenwärtig, ewig, unbestimmt. Ich bin ohne Zeit und Raum - alles in allem.

Dieses Licht gibt sich der Welt gefangen und ist verborgen in der Form, in der Materie. Wir haben uns mit dem Äußeren verbunden, wir haben uns für den Schein entschieden.

**Entscheiden wir uns für das Licht, die Liebe und das Leben selbst**, und nur so werden wir wahrhaft Frieden finden. Dann übergeben wir uns freiwillig und vollkommen bewusst der Leitung des Lebens selbst, dem göttlichen Prinzip, das von sich sagt:

*"Ich bin der Weg, die Wahrheit und das Leben."*

Es ist die Christuskraft (Krishna), die uns sicher und geborgen durch das äußerliche Chaos einer Zeit der Transformation führt.

Alte Denkstrukturen und Verhaltensmuster weichen einer neuen Kraftlinienstruktur. Die Rahmenbedingungen von diesen Möglichkeiten der Selbsteinweihung Gebrauch zu machen, sind heute günstiger denn je. Selbsteinweihung heißt für den jetzigen Menschen "Selbstübergabe" oder auch "Selbsthingabe" an das göttliche Prinzip.

Unser Herz ist der Stall von Bethlehem, in welchem das Christkind geboren wird.

Anders gesprochen:

Christi Körper ist in unendlich viele Zellen aufgeteilt (allgegenwärtig). Jeder Mensch trägt in sich selbst eine solche Zelle. In jeder Zelle ist das All - der Bauplan - von allem angelegt. Als Mensch können wir in Resonanz mit diesem göttlichen Bauplan gehen. Menschen, welche sich in diesem Bemühen zusammenschließen, bilden ein Kraftfeld.

*"Und wo zwei oder drei in meinem Namen zusammen sind, da bin ich mitten unter ihnen."*

Ist die Menschheit bereit, vom Informationszeitalter in das beginnende Bewusstseinszeitalter einzutreten?

Der Quantensprung ins neue Bewusstseinszeitalter kann z.B. durch die 2-Punkt-Methode wunderbar veranschaulicht werden. Diese fordert vom Menschen endlich zu 100% die Verantwortung für die eigenen Gedanken, und was noch wichtiger ist, zu 100% die Verantwortung für die eigenen Gefühle zu übernehmen. Kein Jammern mehr, kein Klagen sondern Dankbarkeit und Liebe - dem Schöpfer - der Schöpfung - sich selbst und anderen gegenüber. Die innereigene Entscheidung der „gewünschten Drehrichtung" bleibt dabei jedoch bestehen. Stirbt das Ich, um im SEIN - in der „Dreifaltigkeit" aufzugehen, oder behauptet sich das „MEIN" in einer selbstkreierten Idealwelt, die von paradiesischen Bilder, Erschließung neuer Wahrnehmungsräume wie z.B. den Astralwelten, den Räumen der galaktischen Nachbarn, usw. geprägt sind. Es ist schwindel-erregend, welch eine Bewusstseinsverschiebung – hin - in feinstoffliche Astralwelten der menschlichen Spezies aktuell bevor steht. Dieses birgt eine nicht zu unterschätzende Gefahr, nämlich der täuschenden Annahme, dem Absoluten hiermit auf der Spur zu sein.

Es gibt diese Welten über und unter unserer körperlichen Existenz. Die Welten der Engel, der aufgestiegenen Meister, der Außerirdischen, der Elementalen und Naturgeister. Wir lernen von ihnen und sie sind genauso wahr oder unwahr, wie unsere eigene Manifestation. Es gibt unzählige Wesenheiten, welche - für gewöhnliche Augen meist unsichtbar - unser Universum bevölkern, formen und zusammenhalten.

Die Quelle aller Dinge ist jedoch das „Ungeoffenbarte" - die Lücke zwischen den Gedanken, das „Nichts". So ist der Mensch zweifach. Einmal ist er die Identifikation mit seinen *eigenen Gedanken und Gefühlen, mit seinen Sinneswahrnehmungen, Beurteilungen und Schöpfungen* und andererseits ist der Mensch der **Beobachter** - ohne zu bewerten - ohne einzugreifen - ohne sich zu verbinden. Er wird zum SEIN und er lässt alles SEIN, wie es ist, und wendet sich dem Ursprung zu, dem reinen Bewusstsein, aus dem alles entsteht. Völlig unabhängig und frei führt der Mensch nun aus, was aus dem Göttlichen in ihm ertönt. Auch in diesem Akt gibt es keine persönliche Verbindung, kein MEIN oder DEIN. Der Mensch ist zum Sohn, zur Tochter des ALL-EINEN geworden, zu Gott in Offenbarung, zu einer mitschwingenden Zelle. In dem Buch von „Levi" Das Wassermann-Evangelium von Jesus dem Christus (7. Auflage 1984) heißt es auf Seite193:

*22 Wie sie plaudernd weitergehen, sagt der Meister: „Was erzählt sich eigentlich das Volk vom Menschensohn? Was denkt es, wer ich sei?"*

*23 Matthäus sagt: „Die einen denken, du seist David, der zurückgekommen ist. Die anderen meinen, du seist Enoch oder Salomon."*

*24 Andreas fügt hinzu: „Ich hörte einen Oberpriester sagen, dieser Mann ist Jeremias, denn er spricht wie Jeremias schrieb."*

*25 Nathanael erklärt: „Die fremden Meister, welche eine Zeit lang mit uns zogen, meinten, Jesus ist vermutlich der zurückgekehrte Buddha."*

*26 Und Jakobus sagte: „Ich denke, die meisten Männer unserer Obrigkeit sehen in dir Elias, welcher wiederum auf Erden weilt."*

*27 Johannes sagt: „Ich hörte einen Seher in Jerusalem bemerken, dieser Jesus sei Melchisedek, der Friedenskönig, welcher vor zweitausend Jahren lebte, und der damals prophezeite, dass er wiederkommen werde."*

*28 Thomas fügte hinzu: „Herodes glaubt, dass du Johannes bist, der Täufer, welcher von den Toten auferstanden sei. Doch sein Gewissen plagt ihn und in seinen Träumen sieht er den Ermordeten wie ein Gespenst der Nacht, das ihn verfolgt."*

*30 Und Jesus fragt die Jünger: „Was meint ihr denn, wer ich bin?"*

*31 Und Petrus sagt. „Du bist der Christus, bist die Liebe Gottes, die den Menschen sichtbar wurde."*

*32 Jesus sagte zu ihm: „Gesegnet seist du Simon, Jonas Sohn, denn du hast jene Wahrheit kundgetan, die Gott dir gab."*

*33 Du bist der Fels und wirst dereinst im Tempel Gottes eine Säule werden."*

*34 Dieses dein Bekenntnis ist der Eckstein unseres Glaubens, ist ein Fels der Kraft. Auf diesem Felsen wird die Kirche Christi stehen."*

# 10. Der Mensch

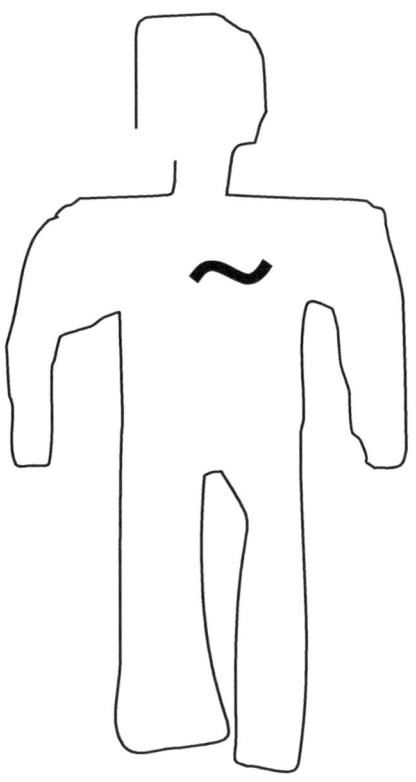

## Der Mensch trägt im Herzen

 das Licht

 die Liebe

 das Leben

die gesamte Schöpfung

**Christus ~ Krishna ~ Buddha ~ ~ ~**

Den Geist der Wahrheit kann man nicht in Bücher schreiben oder festhalten. Er ist im Herzen verborgen. Wenn jedoch der göttliche Geist einer reinen Seele begegnet, wird daraus eine lebendige Erfahrung, ein inneres Wissen.

~ diese besondere Schwingung hat Eigenschaften und Merkmale, die sich von den uns Bekannten unterscheidet.

~ diese Liebe ~ dieses "innere" Licht ~ die Gnade ~ das Wissen ~ das Leben ~ lassen sich nicht positionieren, sie haben keinen festgemachten Ort. Man könnte es besser als Wirkungsfeld umschreiben. Ein Feld, das weder nach Strecken noch auf Intensität hin gemessen werden kann.

Allgegenwärtig und überall gleich. Attribute, die wir Gott zuschreiben. Die ~ ist Gott in Offenbarung und aus dieser Welle ~ ist alles gemacht. Würde alle Schöpfung im Geist Gottes mitschwingen, wäre alles ewig, allgegenwärtig, jeder Gedanke ein absolutes Sein.

**„Ich bin der Weg, die Wahrheit und das Leben."**

Christus = Weg      transzendent + immanent
Christus = Wahrheit transzendent + immanent
Christus = Leben    transzendent + immanent

In der täglichen Lebenshaltung bedeutet dieses für mich eine bewusste Ausrichtung und Übergabe an das göttliche, verbindende, geistige, fließende, sich selbst verschenkende,

**den Mittler * das Licht der Welt * die Liebe.**

Nur dort, wo gemessen, "beurteilt" wird,
entsteht Materie, so wie wir sie kennen.

Wer beurteilt?

Gott hat das Meer der Möglichkeiten erschaffen.
Gott urteilt nicht.

Beurteilen und messen tut nur der Mensch.

Mein Bewusstsein.

Dein Bewusstsein.

Ihr Bewusstsein.

Aus dem Meer der Möglichkeiten
wählt der Mensch eine aus
und legt sie fest.
Die Absonderung, das
Ich
ist entstanden.

## 11. Schöpfung - Mensch
## ein Mikrokosmos?

Kraft im Raum

mit allem verbunden

eine mitschwingende Zelle?

ein Teil des ganzen

Makrokosmos?

**Die Liebe ist die Frequenz des Göttlichen**

# Der Mensch und seine eigenen Schöpfungen

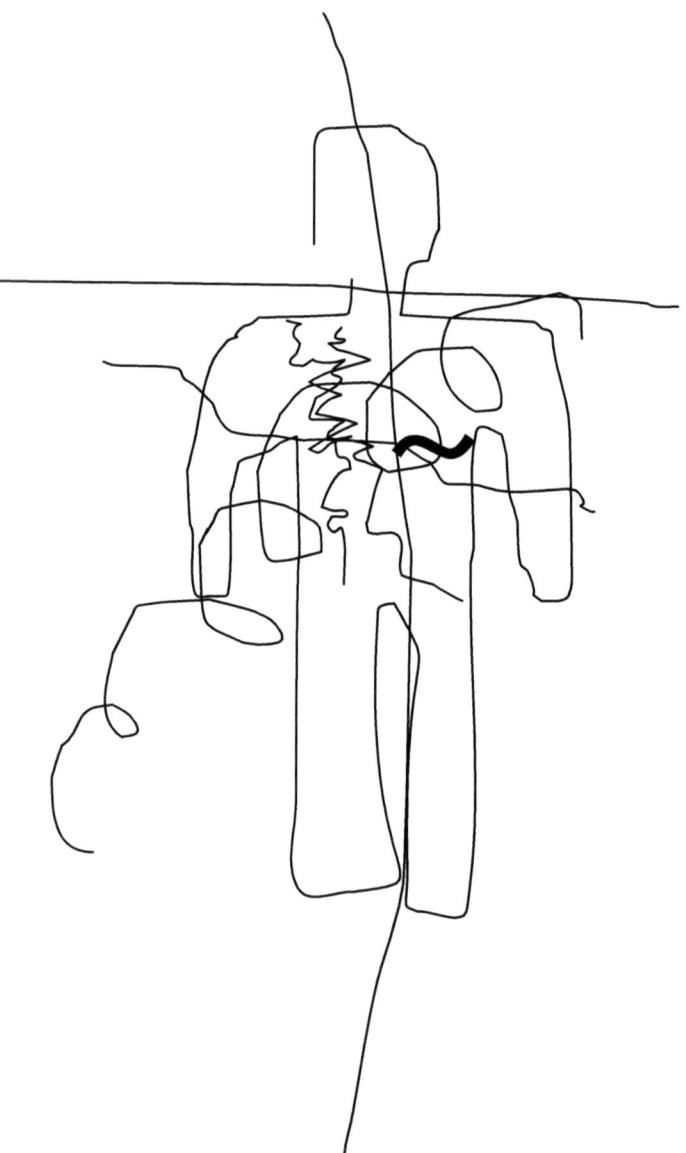

# Sinneswahrnehmung

in Resonanz

disharmonisch

 **Angst**

 **Leben**

**Tod**

Angst heißt eng werden. Sich zurückziehen, Schutzwälle bauen, sein Reich verteidigen. Angst lähmt, sieht nur noch sich selbst, ist getrennt - baut Feindbilder auf.

Unsere Welt wird durch Angstmache regiert und beherrscht. Angst den Job zu verlieren, die Kinder - das Haus. Angst vor Strafe, Zurückweisung, Ausschluss.

Angst ist die Zuchtpeitsche einer so genannten entwickelten Gesellschaft. Wohin entwickelt sie sich? Zu noch mehr Angst, Unsicherheit und Isolation.

Angst gibt es, weil es Materie gibt ..., die man verlieren kann. Das schmerzliche Ende ist der Tod. Wir würden ewiglich in diesem Wahn der Angst verharren, wenn der Tod diesem nicht ein Ende bereiten würde.

So gibt es eine neue Chance. Womit verbinde ich mich? Mit der Materie oder mit dem inneren Licht des Geistes?

# Gott - Mensch

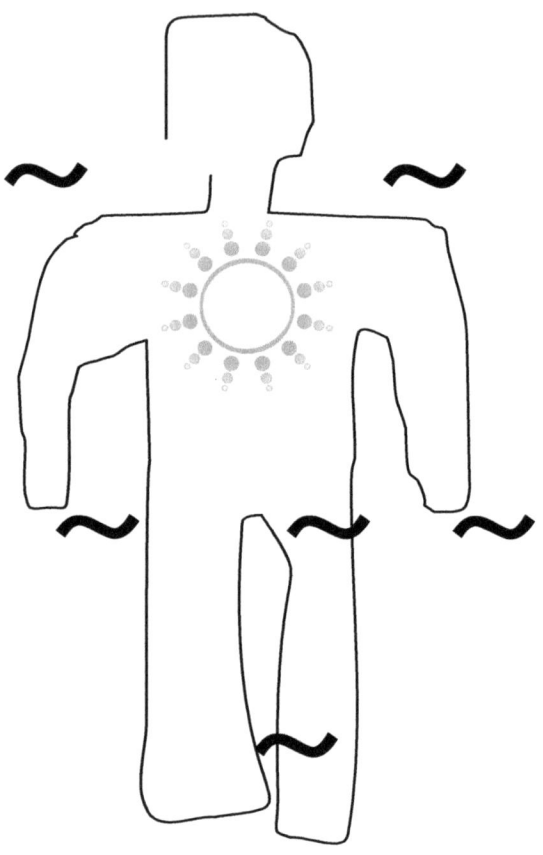

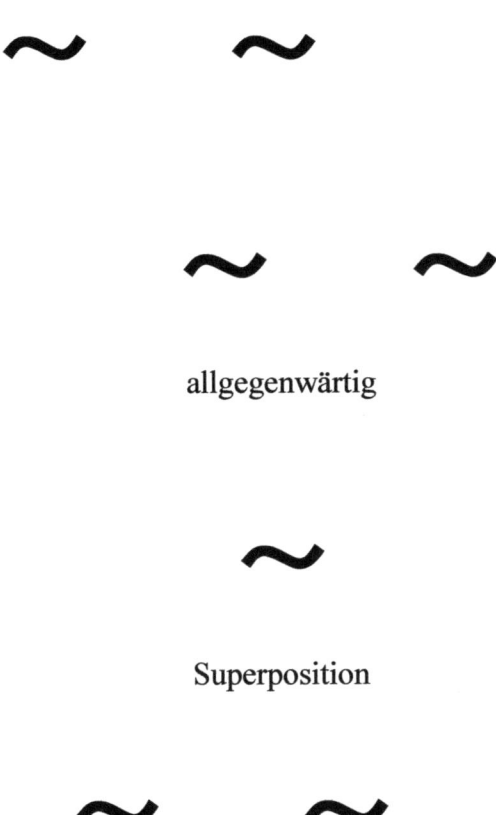

allgegenwärtig

Superposition

## 12. Der Schöpfung wurde der Sohn ~ das Licht ~ der Erkenntnis ~ Christus inwendig mitgegeben

Gibt es kein Du oder ich, welches hinschaut und festlegt, dann ist alles Superposition.
Das Meer der Möglichkeiten
ohne Zeit und Raum.

**Christus ist das kohärente Licht (Photon)**
**das Phänomen der "Verschränkung",**
**er ist der Mittler, der das vom Göttlichen**
**entfernte wieder zusammen führt.**

Im Buch Quanten-philosophie und Spiritualität von Dr. rer. nat. Ulrich Warnke heißt es auf S. 170ff:

*„Elektronen und Protonen, die kleinsten Einheiten geladener Massen, sind die Quelle eines ständig ausströmenden Kraftfelds. Und diese nie versagende Energiequelle, die wir als Elementarladungen bezeichnen, kommt aus dem Vakuum. Die Verursacher für Kraft- und Zeitoperationen sind genau diese Ladungen mit ihren elektrischen Potentialen. Ladungen werden vermittelt durch Photonen – virtuelle Photonen im Fall von statischen Feldern und reale Photonen im Fall von elektromagnetischen Feldern.*

*Photonen vermitteln jedoch nur die Information für Kräfte an Massen, nicht die Kräfte selbst.*

*Photonen sind also Kommunikationsvermittler. Sämtliche Verbindungen im Organismus werden letztlich durch Elektronenaktivität gewährleistet, die durch die Spins von Elektronen vermittelt werden. Spins sind die Realität gewordenen Informationen der kollabierten Wellenfunktion des Elektrons.*"

**"Niemand kommt zum Vater denn durch mich" (Johannes 14,6) oder "Gott lässt nicht fahren die Werke Seiner Hände."**

Durch eigene Gedankenkraft, oder besser – durch die innereigene Kraft der Christusradiation kann das Photon gedreht und gewendet werden. Richte ich oder allgemeiner – richtet der Mensch sein Denken nun primär auf die sichtbare (oder unsichtbare) materielle Welt und verbindet sich mit dieser, dann ist er auch an das hier bestehende Gesetz gebunden. Das heißt alles, was geboren wird und zur Blüte kommt, muss wieder sterben. Und wenn man es streng unter quantenmechanischen Gesichtspunkten betrachtet, ist auch dieses nur ein „potentielles Abbild", denn Materie im statischen – existentiellen Sinn - gibt es ja gar nicht.

Bleibt das SICH-HINWENDEN zum All ~ zum Vakuum ~ zum Nichts und wenn wir es auf Informationsebene betrachten ~ zur Matrix ~ zur Urinformation. Mit der 2-Punkt-Methode bewegen wir uns von dem individuellen Bewusstseinsfeld hin zu diesem „Reinen Bewusstsein".

Es sind die Worte des Menschen, seine Vorstellungen - meist unbewusst aber dennoch magisch - welche die Bindungskräfte von Materie entstehen lassen. Der Glaube (an was auch immer) ist der „Klebstoff"- die Ausrichtung des Photons. Kommen dann entsprechende Gefühle oder Emotionen dazu, bilden diese tausendfache Verstärker. Wir selbst senden die Impulse aus, die dann verantwortlich sind für unsere eigene persönliche „Realität". So haben wir uns zum selbsternannten Schöpfer aufgeschwungen. Doch unser Schöpfungspotential ist - vorsorglich - auf ein bestimmtes kosmisches Gebiet beschränkt. Dieses hat sicher etwas mit der Frequenzhöhe, in unserem Fall "Frequenztiefe" zu tun.

**Materie ist in diesem Sinn erstarrte Geistkraft.**

Das Schöpfungsfeld des Menschen ist der irdische Materie-, Äther- und Astralraum. Hier werden unsere Vorstellungen und unbewussten Intensionen Wirklichkeit, zumindest für das eigene individuelle Bewusstsein. Vergeblich suchen wir dort Frieden, Wahrhaftigkeit oder Beständigkeit. Verborgen an einem verschütteten Ort, auf der Höhe des Herzens, trägt jeder Mensch ein göttliches Resonanzpotential ~ in sich. Hier liegt auch der Schlüssel zur Umwendung. Dieser Schlüssel kann sehr unter-schiedlich angewendet werden. Ein Beispiel dafür auf der körperlichen Ebene ist das:

## 13. „Heilen mit Zeichen" oder Symbolen

Welches Volk, welch eine Kultur hat dieses verborgene Wissen nicht doch auch allzeit für eigene Zwecke genutzt und oftmals im Verborgenen weitergegeben? Warum im Verborgenen? Zeichen und Symbole sind Sinnbilder, Schlüssel zur Kraftbindung, sie dienen der Verknüpfung an bestehende Frequenzen und Schwingungen sowohl im positiven als auch im negativen Sinne. Genau genommen werden gewünschte Schwingungen d.h. Wellenlängen verstärkt und in Resonanz gebracht.

Beim „Heilen mit Zeichen" werden Zeichen oder eben Symbole ganz gezielt genutzt, um dissonante Wellenlängen, die sich in Form von Schmerzen, Allergien oder Krankheiten manifestiert haben, wieder in einen *gesunden Schwingungszustand* zu versetzen. Wie muss ich mir das vorstellen?

Im Büchlein **Heilen mit Zeichen** von L. B. Rheinfelder und K. J. Becker findet man folgende nähere Erläuterung: „*Dem Wiener Elektrotechniker und Lebensenergie-Forscher Erich Körbler verdanken wir die Wiederentdeckung der Heilkraft der Zeichen: Das bemalen des Körpers durch Auftragen ganz bestimmter, hochwirksamer geometrischer Zeichen auf die Haut und das Herstellen von Heilwasser mittels Informationsübertragung. Diese Methode nannte Körbler „Neue Homöopathie".*"

Beim Heilen mit Zeichen geht es darum, eine Blockade, eine Verfestigung wieder in den Fluss des Lebens zu bringen - mit der Schwingung des Lebens erneut in Resonanz zu gehen. Wen wundert es da, dass das Schlüsselsymbol zur Heilung eine **Sinuskurve** ist.

Die Dissonanz, die Krankheit, die Blockade werden mit dem Sinussymbol überschrieben und in Form von „informiertem Wasser" oder aber direkt auf der Haut zur Wirkung gebracht. Die Heilerfolge sind erstaunlich.

Aktuell findet diese Methode Anerkennung und Weiterentwicklung durch die Biologin, Heilpraktikerin und Buchautorin Layena Bassols Rheinfelder, die eigens dafür das Institut PraNeoHom geschaffen hat.

Heilung – Transformation – oder auch bewusste Realitätssteuerung gewinnt ihre Nachhaltigkeit jedoch erst durch die eindeutige Ausrichtung zur „Schöpfung" hin. Es gibt ein SEIN, eine „höhere" Ordnung und es gibt die kohärente Schwingung des EINKLANGS. Jede Unordnung, jede Krankheit ist augenblicklich im Bewusstsein des ALL-EINEN aufgehoben. Die einzige Frage, die bleibt, ist: Welches Bewusstsein bestimmt den Zustand? Mein beschränktes Bewusstsein oder das „Reine Bewusstsein".

Aus Sicht des Höchsten, gibt es nur bewusstes SEIN. Ohne die Raum-Zeit ist alles schon immer dagewesen, keine Bewegung, kein Werden - reine Präsenz. Der Mensch trägt beide DASEINS-formen in sich. Er ist Bewohner und Mitschöpfer des „materiellen Universums" - er kann aber einfach auch nur SEIN – SEIN sein - . Bei dem **„einfach nur sein"** findet der Mensch das, wonach er zeitlebens suchte: Liebe, Frieden, Glückseligkeit, Authentizität und absolute Unabhängigkeit vom Äußeren. Er schwingt und wird geleitet vom Allwissen, das von innen kommt.

## 14. Beobachtungen von V. Schauberger

*www.urquellwasser.eu/forschung/...levitation-teil.../334/* - Dort heißt es unter anderem:

*„Gemäß Schauberger gibt es in der Natur grundsätzlich zwei polar entgegengesetzte Energiebewegungsarten. Er nennt sie die »naturrichtige« und die »naturunrichtige« Energie-bewegungsart. »Da es bekanntlich in der Natur nur Bi-polaritäten oder die sich gegenseitig steigernden Gegensätze gibt, fragt sich, welche Bewegungsart dient dem Lebensauf-und welche dem Lebensabbau. Die naturrichtige Bewegungs- (Verlagerungs-) art funktioniert widerstandslos, druck- und wärmefrei, implosiv, strukturverkleinernd, anziehend und zentripetal. Er nennt sie auch die weibliche, negativ geladene Energie. "*
Und weiter: *„Die naturunrichtige Energiebewegungsart arbeitet mit Widerstand, druck- und wärmeerzeugend, explosiv, struktur-vergrößernd, abstoßend und zentrifugal. Dies ist die männliche, positiv geladene Energie. Sie arbeitet gravitierend, damit rückstoßend und zersetzend...In der*

*Natur gibt es beide Energien, und dort erfüllen sie auch ihren Zweck. Die zersetzende Energie ist wichtig, um Altes und Krankes, das nicht mehr heilbar ist, also alles Sterbende oder Gestorbene, wieder in den Energiekreislauf zurückzuführen, um das neu Entstehende, Geläuterte zu nähren. "*

In mir entsteht sogleich das Bild vom sichtbaren, sich ausdehnenden Universum - als Analogie ist das Sichentfernen vom Urquell zu sehen - und im Gegensatz dazu die Rückkehr zur „Inneren Quelle" zum Geist, zur Radnabe, zum Unbeweglichen, zu Gott, in dem alles seinen Ursprung hat. Der verlorene Sohn kehrt zurück, nun allerdings um ein Universum an Erkenntnis bereichert. Er wurde aus dem Unbewussten zur Bewusstheit geführt. (Luk. 15, 11)

## 15. Karl von Eckartshausen

http://www.philos-website.de/index

*„Gott sucht nur zu verzeihen, an sich zu ziehen, und glücklich zu machen, was unglücklich ist. - Wenn ich mich von der Sonne entferne, und freiwillig in einen dunklen Felsen verberge, so wird mir die Sonne wohltätige Wärme und ihr erquickendes Licht entzogen, die Sonne bleibt aber immer die wohltätige Sonne. Das Gefühl von Kälte und Finsternis ist bloß die Folge meiner Entfernung. Ich kann nicht sagen, die Sonne hat mich bestraft; - ich muss vielmehr sagen: ich fühle die Folgen meiner freiwilligen Entfernung. "*

Stellen Sie sich vor, in ihnen ist alles Liebe - Leben und das Licht selbst geworden - durch die Gnade des in Sie hineingeborenen kohärenten Licht-Prinzips des Sohnes Gottes. Stellen Sie sich dieses leibhaftig und mit jeder Faser ihres Seins vor. Das geht nicht ... **SIE** stehen davor. Und trotzdem:

**Nur so** kann es in ihrem Leben Vermehrung von Licht, Austragen von Liebe und ein sprühendes Leben in innerer Freude geben.

## 16. Die Mayas

Die Maya haben für 2011/12 eine Zeitenwende vorhergesagt, dazu heißt es im Web:

*„Wir haben das 9. und das finale Level (universale Bewusstsein) am 8. März 2011 betreten. Das 9. und finale Level hat 13 Perioden von 18 Tagen und dauert insgesamt nur 234 Tage. Dieses ist das Ende und auch der Neuanfang des Mayakalenders."*

An anderer Stelle heißt es:

*Wenn es bei der neunten Welle darum geht, Harmonie zu erschaffen aus dem, was sich vorher entwickelt hat, dann ist es unsere Aufgabe, das Göttliche um Führung zu bitten im Hinblick darauf, was wir tun sollten, um dort anzukommen. Wenn wir um weltweite Harmonie bitten, können wir jedoch nicht einfach darum bitten, dass unsere Egos uns führen. Stattdessen werden wir von Anfang an Fragen stellen müssen wie : "Was kann ich tun, um dem kosmischen Plan zu dienen? " oder "Was soll ich tun, die Manifestation des Einheitsbewusstseins zu fördern?"*

*http://spirituelle-revolution.net/showthread.php?tid=562*

Und was kommt dann? Dazu gibt es tausend und eine Spekulation. Will man dieses in einen Zeitrahmen pressen, könnte man sagen: Die nächsten 16,4 Milliarden Jahre (Alter des Mayakalenders) so genannter menschlicher Evolution, menschlichen Schaffens haben begonnen.

Eine weitere menschliche Entfaltung für 16,4 Milliarden Jahre ist spannend, im kosmischen Plan als Möglichkeit schon immer vorhanden gewesen, muss aber hoffentlich nicht von jedem „Mikrokosmos = Mensch" in dieser Weise gegangen werden, da es neben paradiesischen Erfahrungen sicher auch eine Menge Leid im Gepäck hat. Das Phänomen Zeit wird in dieser Phase ein anderes Gesicht bekommen. Vergangenheit und Zukunft können durch eine bewusste Realitätssteuerung verändert - und als Quelle von Ressourcen genutzt werden. Die letzte Frage, die wiederum bleibt, wird sein: Was ist mein Ziel? Gehe ich in Resonanz mit dem geistigen Urprinzip im Herzen oder erschaffe ich mir „Abbilder" in materiellen und astralen Welten? An dieser Stelle werden sich sehr viele Menschen aus Unwissenheit oder Neugierde für die irdischen und kosmischen Astralgebiete entscheiden. Mit großer Euphorie stürzt sich die Menschheit in neu zu entdeckende Gebiete. Es wird Kontakt aufgenommen zu Bewohnern innerhalb und außerhalb der Erde, zu früheren Bewohnern, zu Engeln, Aufgestiegenen Meistern und Außer-irdischen. Eine riesige Flut an neuen und unglaublichen Informationen erreicht uns aktuell. Doch **mehr** und **auch nicht viel, viel mehr** bedeuten noch nicht „Erlösung" oder „Erleuchtung".

Die Rückverbindung zu Gott ist uns näher als Hände und Füße. Im Prinzip bedarf es keiner Evolution, keiner Entwicklung, keiner Sammler- und Jägermentalität, auch keiner Zeit und keinem Außen.

**Es ist schlicht und ergreifend ein in RESONANZ gehen.**

Wie heißt es so schön bei Platon?
"Ich weiß, dass ich nichts weiß."

## 17. Ich weiß, dass ich nichts weiß

Aus meinen eigenen Erfahrungen heraus kann ich diesen Ausspruch bestätigen. Als normal kausal denkendes Wesen reimen wir uns tagaus, tagein so einiges zusammen und finden uns nicht selten in einem selbst gemachten Chaos wieder. Wie können die Lebenserfahrungen und Begabungen eines einzelnen Menschen auch all die Folgen und Wirkungen seines Handelns überblicken?

Ist es da nicht höchst intelligent und ratsam, sich mit dem Allwissen zusammen zu tun, in Resonanz zu gehen?

Die eigene begrenzte Sichtweise gegen das Allwissen eintauschen? Welch ein verlockendes Angebot. Doch dieses Angebot besteht tatsächlich und es existiert seit dem Beginn unserer Schöpfung. Wie ist der Weg dorthin? ...................... So **einfach.**

Es tönt aus jedem Buch, wird viel diskutiert in Workshops und auf Esoterikmessen: Das EGO, das EGO muss überwunden werden, und man ruft es laut und man streitet darüber und man reist in ferne Länder zu unbekannten Gurus und es werden neue Bücher geschrieben (…ein wenig Selbsthumor gehört auch dazu). Du glaubst, schon viel zu wissen und erreicht zu haben, neueste Methoden, Techniken, Kristalle, Kräfte, Channelings, Engel und Heilkräuter - ja es kann wohl alles Teil **deines** Weges sein - und doch gelangst Du vielleicht zu dem Punkt, wo Du ehrlichen Herzens behaupten kannst: Ich weiß, dass ich nichts weiß.

Höhen und Tiefen hast Du durchwandert, oft fühltest Du Schmerz im Herzen. Erschöpft und vielleicht etwas hilflos, findest Du dich wieder im Meer der tausend Angebote.

War mein Blick wohl doch zu sehr ans Äußere geheftet? Habe ich an "Mein Wohl und meine Erleuchtung" gedacht?

Es ist gut, sein eigenes Unvermögen zu erkennen. Dann ist der Zeitpunkt gekommen, wo das "Höhere" das "Geistige" einen geeigneten Platz in uns finden kann. Muss darum Selbsteinweihung nicht viel mehr Selbstübergabe und Selbsthingabe heißen?

Sich selbst als Werkzeug für das Licht zur Verfügung stellen. Die spannendste Reise des

Lebens beginnt! Jetzt und hier, aktuell und in diesem Moment. Alles, was auf dieser Reise benötigt wird, steht im rechten Moment zur Verfügung. Das Leben selbst sorgt dafür.

Fragen Sie nicht nach dem Warum und Weshalb und wohin die Reise gehen soll. Wir wissen es erst einmal nicht. Manchmal gibt es eine Ahnung, aber im Grunde genommen zählt nur das Vertrauen. Und die Dinge passieren. **Ich bin der stille Beobachter und gleichzeitig der SEIENDE.** Das Leben kann äußerlich dynamisch und abwechslungsreich, freudvoll oder leidvoll sein. **Ich selbst** bin der stille Beobachter und wundere mich, was da alles mit mir geschieht. Das Leben gewinnt an Fahrt, an Bewusstheit, **an Liebesfähigkeit, Lebendigkeit und Kreativität**. Dieses ist das eigentliche Ziel. Die innere Gewissheit wächst, mit dem Leben und der Liebe selbst verbunden zu sein.

Hier nähern wir uns auch den Betrachtungen von Erich Fromm aus seinem Buch „Haben oder Sein". Er zeigt auf, das es zwei Arten von Existenz gibt, die um die Seele des Menschen streiten. Die Existenzweise des Habens ist nach Fromm die vorherrschende Form menschlichen Erlebens geworden. Sie beruht auf dem Mangel-Empfinden, der Unsicherheit und Unverfügbarkeit allen Lebens. Die HABEN-Mentalität strebt durch die Aneignung materieller Dinge Sicherheit, Überlegenheit und

Macht an, um so der eigenen Unsicherheit zu entgehen. Ein Leben nach den Prinzipien des SEINS gründet sich auf Liebe, auf die Bereitschaft zum Teilen. Hier spielt das Erlebbare, die lebendige Beziehungen eine wesentliche Rolle. „Schranken des Getrenntseins" wollen überwunden werden. Der Mensch kann zum Wohl anderer handeln, wenn er erkannt hat, dass auch sein individuelles Wohlergehen vom Ergehen der Gemeinschaft abhängt.

*Alles* ist mit *Allem* verbunden. Auf der Ebene der Quanten, der Lichtphotonen herrschen andere Gesetze. Im Grunde genommen dürfen wir noch nicht einmal Beobachter sein, denn dieses hat ja wieder ein „Festwerden" zur Folge. Solange wir materielle, irdische Wesen sind, werden wir auch in dem Spannungsfeld „Welle oder Teilchen" leben.

Wird das Lichtphoton beobachtet/gemessen, wird es zum Teilchen, das sich für einen Ort entschieden hat - entscheiden musste. Das SEIN, das Göttliche ist allgegenwärtig - überall gleichzeitig und mit allem verbunden. Gibt es keinen Beobachter, dann ist alles im Fluss, das Lichtphoton nimmt die Qualität der Welle an.

Das Leben fließt wieder im göttlichen Strom der Gnade. Würde man diese Lebenshaltung in einem einzigen Wort zusammenfassen wollen, so hieße dieses Wort nach meinem Empfinden:

# "DANKE"

Es ist die Rückverbindung zum Göttlichen

## G E - D A N K E N

In dem Wort DANK steht auch das Wort

**ANK**

Das Ankh oder auch ANCH ist das ägyptische Henkelkreuz. Die Hieroglyphe selbst besteht aus einem T mit einer aufgesetzten halben Lemiskate.

T-Theos (griechisch) = Gott + Lemiskate = 2x ~ ~

Es gibt alte ägyptische Darstellungen, in denen ein Gott das Zeichen Anch dem Pharao als Zeichen des Lebens überreicht.

# 18. Die Sinus-Kurve

Eines der wenigen Symbole, die immer positiv wirken und so kosmische Energien harmonisieren.

Feng Shui

# Hermetisches Gesetz

oben wie unten
innen wie außen

# Chinesische Philosophie

Punkt und Welle

## Platon und Aristoteles

staunen darüber, dass wir leben, dass überhaupt etwas "ist" und dass nicht vielmehr "nichts" ist. Dies lässt die Frage entstehen, was hinter all den Erscheinungen wirkt und warum wir leben und lieben, zweifeln und sterben.

~

**?**

Haben Sie schon einmal über die Form - das Sinnbild - den Kraftimpuls eines Fragezeichens nachgedacht? Ist sie nicht bemerkenswert, diese Welle, diese Sinuskurve, die wieder auf den Punkt zusteuert? Eine Frage beinhaltet meist ein „nicht Wissen" und Offenheit für eine Ant - **WORT**.

Gäbe es „**die Frage**" nicht, gäbe es keine Entwicklung, keine Rückkopplung, keinen gangbaren Weg zurück zur Quelle.

In der 2-Punkt-Methode gibt es ein sehr einfaches Modul; es heißt: **„Offene Fragen stellen"**. Es ist jedes Mal so erstaunlich und herzerfrischend, welche Antworten „das Feld" daraufhin zu erkennen gibt.

Wie fühlt sich hingegen ein „Ausrufezeichen" an?

Bestimmend - starr - festgelegt - Urteil - Tod.

# Die Welt ist

Gottes unausdenklicher Gedanke
und göttlich der Beruf,
zu denken ohne Schranke.

Nichts auf der Welt, das nicht
Gedankenstoff enthält
und kein Gedanke, der nicht mitbaut
an der Welt.

Drum liebt mein Geist die Welt,
weil er das Denken liebt,
und sie ihm überall
so viel zu denken gibt.

*Friedrich Rückert, 1788-1866*

"Licht ist außerhalb der Zeit."

**Mensch,
da wo Dein Denken liegt,
da liegst Du selbst.
Schwing Dich auf!**

Lassen Sie die schlichten Bilder und Zeichen in diesem Buch einfach auf sich wirken. Das absolute Wissen kann man nicht aufschreiben und auch nicht festhalten. Wahrheit kann nicht verstandesmäßig und auch nicht intellektuell erkannt werden. Es entspricht mehr einem inneren erleben, mehr einer Ahnung aus der rechten Gehirnhälfte heraus, welche für die Intuition, die Kreativität und das ganzheitliche Empfinden zuständig ist.

## 19. Das Phänomen der schwarzen Löcher

Welche Gedanken entstehen in mir, wenn ich YouTube-Filme oder Sendungen über das Phänomen der schwarzen Löcher anschaue?

Nehmen wir die neueste Theorie über die Entstehung von schwarzen Löchern und Galaxien. Es wurde kürzlich entdeckt, dass jede Galaxie ein schwarzes Loch in der Mitte hat, ja, die Galaxie mit all ihren Sternen wahrscheinlich erst durch die Sogkräfte des schwarzen Loches entstanden sind. Man geht davon aus, dass es vor der Bildung von fester Materie im Universum wolkenartige Gebilde von Wasserstoff und Helium gab (stehende Welle?). Diese Wolken könnten in einem kritischen Moment in sich selbst kollabiert sein - schwarze Löcher entstehen. Diese ziehen Licht, Wasserstoff u.ä. aus der Urmater in sich hinein. Spiralenförmig wird alles, was im Anziehungsbereich der Kraft des schwarzen Loches ist, verschluckt. Durch diese Kompensionsenergien entstehen Formen von Materie - Staub, Sterne, Galaxien. Eine weitere Möglichkeit der Schöpfung ist entstanden. Ein Geschöpf Gottes wird zum Schöpfer einer ganz eigenen Welt.

**War es ein eigenwilliger Gedanke, der die Ur-mater kollabieren ließ? Vielleicht war es auch nur ein einziger Gedanke, der aus einem Wort bestand?**   „**Mein**" = „**M** ensch **ei - ne** Welt"

## Prof. Dr. Dürr sagt dazu:

http://www.youtube.com/watch?v=p4OccoIMtMU

**In diesem Video-Abschnitt seines Vortrages sagt Herr Prof. Dr. Dürr wörtlich:** *„Kreation heißt wirklich, dass etwas echt neu kommt und wieder verschwindet. Also wie am Anfang beim Urknall - es findet ununterbrochen statt. Die Welt wird in jedem Augenblick neu geschaffen, aber mit einer Erinnerung an die Welt davor.‟*

*Die Unschärferelation von Heisenberg zeigt, dass Elektronen nicht definitiv geortet werden können. Elektronen tauchen auf, um im selben Moment wieder zu verschwinden und an anderer Stelle neu zu entstehen. Kreation findet ständig statt‟.* Weiter sagt Prof. Dr. Hans-Peter Dürr - Physiker und Quantenwissenschaftler seit über 50 Jahren:

*„Wir stellen fest zu unserer großen Überraschung: Die Wirklichkeit ist keine Realität … ist nicht dingliche Wirklichkeit, aus Dingen, aus Materie gemacht, sondern wir sagen, wir nennen es in der Physik - es ist Potentialität. Es ist eine Kannmöglichkeit sich materiell realisieren zu können, aber es ist nicht die Manifestation selber. Es ist das, was vor der Manifestation kommt.‟*

Gönnen Sie sich diesen hochinteressanten 8-teiligen Vortrag von Herrn Dürr im Internet - bei YouTube.

## 20. Quantenträume

Quanten kennen keine Schranken,
du solltest ihnen danken,
wenn ohne Zeit und ohne Raum,
sie wandeln sich zu deinem Traum,
zum Spiegel deiner Phantasie,
es ward Materie, so hart, wie nie.

Welten schaffst du, im Willen frei,
die Pflanz, das Tier sei auch dabei.
Meere, Wüsten, Höhen, Tiefen
dein Begehren sie ins Dasein riefen.
Nebst Glück und Freude, Heiterkeit,
gibt`s auch den Krieg, das große Leid.

Oh Schreck, oh je, was machst du nun,
hast damit ja wohl nichts zu tun.
Träumst vom Menschsein, träumst vom Frieden,
Quantenträume von Menschen, die lieben.
Malst dir die Erde als Wunderland,
geschaffen von *deiner eigenen Hand.*

Träum weiter, du Kinde im Sand,
geschaffen wird nur aus EINER Hand.
All dies Basteln, Rätseln, Ausprobieren,
wird unseren Hochmut schließlich ausradieren.
Denn ICH und DU und MEIN und DEIN,
sind schon seit Anbeginn der Zeiten S-EIN.

## 21. Vorhang auf

Auf der Bühne des Lebens gibt es einen Vorhang, der die Darsteller vom Publikum trennt. Dieser Vorhang öffnet sich bei jedem Menschen direkt nach dem Erwachen am Morgen. Unzählige unausgesprochene Gedanken rasen durch den Kopf: „Wo bin ich? Wer bin ich? Welche Aufgaben stehen mir an diesem Tag bevor?

In wenigen Sekunden erinnern wir uns an unser Leben, orientieren uns im Hier und Jetzt oder aber, was sehr viel häufiger vorkommt, im Gestern und Morgen. Wir sind bereit die Bühne zu betreten, um weiter zuspielen. Du schlüpfst in deine Rolle als Mutter, Vater, Liebhaber, Verkäuferin, Arzt oder Rentnerin. Das Bühnenstück mag ernst und schwer sein und trieft nur so von Glaubenssätzen: „Das Leben ist hart - ich habe keine Zeit - und sowieso zu wenig Geld - du bist Schuld an meinem Nervenzusammenbruch - und hätte ich bloß die Lehre zu Ende gemacht, dann wäre ich nun nicht arbeitslos - meine karmische Last hält mich gefangen - ich habe es nicht verdient - von Nichts kommt Nichts - ich bin zu ehrlich für diese Welt - mein Vater hat mich ungerecht behandelt - ich war das fünfte von acht Kindern - und, und, und …"

Die Welt hat Schuld, ich bin das Opfer.

Oft wird von uns erwartet mehrere Rollen zu besetzen, und auch dies tun wir ohne zu murren. Oder murren wir doch?

Oh ja, dieses mulmige Gefühl in der Magengegend, wer kennt es nicht. Ist mein Leben wirklich richtig, so wie es läuft? Sollte ich etwas verändern? Bin ich nicht all den Zwängen ausgeliefert, die mich genauso halten, wie es eben ist? Ich bin in einer Falle!

Es gibt aber auch die Variante:

**Mein Leben läuft super!!!**

Na klar gibt es die absoluten Publikumslieblinge auf der Bühne. Alles jubelt, wenn sie die Bretter betreten. Gern gesehen, lauthals bejubelt. Witzig, brillant, bewunderungswert! Hier gibt es welche, die das Bühnenstück ganz gezielt in Szene setzen. Vorhang auf! Etwas Humor an dieser Stelle, Tiefe und Charisma an anderer Stelle. Das Stück bekommt Niveau, Schauspieler und Zuschauer nicken sich wohlwollend zu. Ach, das neue Bewusstsein über Quanten und positive Gedanken lassen ganz andere Räume entstehen. Die Bühne selbst ist viel zu klein. Nein, wir haben ja noch die Möglichkeit, das ganze Theater als Showroom zu nutzen. Das Publikum wird integriert, darf mitspielen. Räume - Personen - Musik und Lichteffekte werden künstlerisch verwoben. Es gibt doch viel mehr Platz, viel mehr Spielraum, um das eigene Leben angenehm zu gestalten. Kein Bühnenvorhang mehr; alles darf und kann sein!

Ja, es gibt sogar die Möglichkeit, das Theater zu verlassen, raus zu gehen und - oh Wunder, in anderen Städten gibt es andere Theater. Wir können Länder, Kontinente - ja sogar Sterne in unser Bühnenstück integrieren. Da wird einem ja ganz schwindelig - nun sind wir Schauspieler, Zuschauer, Regisseur, Produzent, Bühnenbildner, Theater, Ort - und die Dimension zugleich. **Fühlt sich gut an!**

Aktuell schnuppere auch ich in dieser „neuen Freiheit". Mir wird bewusst, was meine Gedanken mit „meiner persönlichen Realität" zu tun haben. Ich spüre hautnah, wie negative Gefühle sich als widrige Umstände in meinem Leben manifestieren. Ja, in mir ist ein fester Entschluss, die Verantwortung für meine Gedanken und Gefühle zu übernehmen.

## 22. Eigene Reflexionen

Wir befinden uns jetzt wieder bei der eingangs gestellten Frage: **„Bin ich nur das Geschöpf oder bin ich auch Schöpfer?** Zweifelsohne ist jeder von uns auch Schöpfer und zwar zu 100%; solange wir unser Augenmerk auf diese Welt der „Potentialität" richten. Aber es ist und bleibt **Potentialität** – es ist eine **Scheinwelt,** die uns handfeste Beständigkeit nur vorgaukelt. Quantenphysiker haben es immer wieder belegt, dass diese unsere Materie nur durch das entsprechende Hinschauen „geboren" wird (Prof. Dr. Dürr Vortragsreihe + Doppelspalt-Experiment).

In mir steigt die Frage auf: „Will ich mir wirklich in dieser schein-materiellen Welt ein Paradies erbauen? Was ist mit dem Tod? Lohnt der ganze Aufwand, wenn doch mit einem Fingerschnipp *„mein* Licht" gelöscht werden kann?" Nicht die vermeintliche Materie kann und darf das Ziel menschlichen Strebens sein. Dieses ist und bleibt eine Sackgasse, aus der der Mensch aber durch bewusste Umwendung wieder heraus gelangen kann.

### Wie sieht das Bühnenstück nun aus?

Ich weiß es nicht. Keine Ahnung. Ich höre auf, mir Bilder und Vorstellungen zu machen, und beginne im Hier und Jetzt zu leben. Meinen Körper erlebe ich als Antenne - als Resonanzorgan - sowohl für Impulse und Eindrücke von innen, als auch von außen.

Vor kurzem habe ich zum Beispiel während einer Selbstanwendung (2-Punkt-Methode) entdeckt, dass mein Körper mit Bewegung sehr subtil auf meine Gedanken reagiert. Meine Gedanken blieben nacheinander bei Menschen hängen, die mir gerade in den Sinn kamen. Mein Körper hat bei jedem „Namen" eine eigene spezifische Formation gezeigt. In mir wurde eine lebendige Information abgedrückt, wie bei den Wasserkristallen von Emoto, nur dass diese Informationen „beweglich" waren. Dann habe ich angefangen mir Worte wie süß - sauer - salzig - bitter - scharf - usw. „anzuschauen". Die Bewegungen waren ähnlich wie die der Namen. Mir kam in den Sinn, dass man die Bewegungen in Schriftzeichen skizzieren könne und auf diesem Wege sicher einst die ersten Schriftzeichen entstanden sind. Nun wird`s sehr persönlich …☺

Mein Körper hat schon immer sehr direkt auf Schwingungen reagiert. Man spiele mir irgendeine Musik vor und mein Körper schafft ein Bild, einen Film - wie diese Musik aussieht, was sehr komisch aussehen kann. Meine Schwestern haben nicht selten sehr geschmunzelt, wenn sie mit mir irgendwo Tanzen waren. Aber ach, was sind Indianertänze anderes als genau dieses. In der heutigen Zeit nennt man es Hip-Hop oder Street-Dancing oder anderswie.

Sichtbar gemachte Sprache und Musik heißt bei den Anthroposophen „Eurythmie". Was haben wir Menschen wohl alles vergessen, was vor Jahrhunderten das Selbstverständlichste im natürlichen Erleben eines Menschen war.

## 23. Die linke und rechte Gehirnhälfte

Unser sehr Linkshirn geprägtes Schulsystem hat sicher viel zu diesem Vergessen beigetragen. Durch die 2-Punkt-Methode werden wir wieder an unsere verloren gegangenen Fähigkeiten aus der rechten Hirnhälfte erinnert. Wofür steht das Wahrnehmen **aus der rechten Gehirnhälfte?** Es steht für:

- intuitives Erfassen
- Gefühl
- Kreativität
- Spontaneität
- Neugier
- Raumempfinden
- Körpersprache
- Bildersprache
- Spielen
- Kunst
- Musik
- Synthese
- Träume
- Ganzheitlichkeit etc.

**Die linke Hälfte steht für:**

- Logik
- Analyse

- Zahlen, zählen
- Rationalität
- Sprachstruktur
- Rechnen
- Lesen
- linear
- detailliert

Die linke Gehirnhälfte steuert die rechte Körperseite und umgekehrt. Optimal funktioniert alles, wenn linke und rechte Gehirnhälfte gut zusammenarbeiten.

Bei der 2-Punkt-Methode lenkt man das Bewusstsein vom analytischen Beobachten hin zu einer ganzheitlichen Wahrnehmung. Man konzentriert sich nicht auf eine Sache oder auf einen Punkt, sondern auf 2 Punkte gleichzeitig. Das Bewusstsein führt diese Punkte zusammen und nimmt sie „gleichzeitig" wahr. Dieses Umschwenken der Aufmerksamkeit führt dazu, dass ein Wechsel von der linken in die rechte Gehirnhälfte stattfindet. Ein Thema oder Problem kann nun ganzheitlich wahrgenommen werden. Es ist zunächst nützlich die 2-Punkt-Methode rein „äußerlich" (sichtbar) in Raum und Zeit zu praktizieren. Das Ganze funktioniert auch rein mental - ohne 2. Person + ohne Methode - durch direkte Hinwendung ins Feld. Alle großen Lichtbringer dieser Welt haben es uns vorgemacht.

## 24. Quantenheilung und 2-Punkt-Methode

Wenn der Anwender eine Anwendung in Matrix Transformation oder Quantum Entrainment = Quantenheilung gibt - wobei Heilung nicht der richtige Begriff ist, dann konzentriert sich dieser **auf beide Hände gleichzeitig**, die **Augen** sind geöffnet und **defokussiert**. Von ausschlaggebender Bedeutung ist weiterhin das **"Herzgefühl"** der inneren Freude, Dankbarkeit und des unerschütterlichen Vertrauens in die höhere Ordnung der Dinge. Es ist die Frage nach der Christuskraft der bedingungslosen Liebe aus dem reinen Herzen.

Es entsteht ein Zustand des Hier und Jetzt, in dem das Bewusstsein an mehreren Punkten gleichzeitig ist - dieses entspricht der **Superposition der Quanten**, bevor sie gemessen werden. Schon jetzt kann das Körpersystem des Gegenübers damit in Resonanz gehen (es fließt keine Energie). Hier kommt das Prinzip der "Verschränkung" zum Tragen. Die Quanten beider Personen nehmen eine gleiche Eigenschaft (Ausrichtung) an.

2. Die Verbindung zum Klienten kann entweder direkt durch Berührung oder aber auch durch die Imagination hergestellt werden. Auf Quantenebene gibt es keine Raumzeit in unserem Sinne.

3. Drei ist das Thema. Was soll transformiert werden? In welchem Bereich wird eine unerwünschte Verfestigung (Krankheit, Blockade, drückendes Gefühl, Glaubenssatz) erfahren? Es reicht, wenn der Klient an das Thema denkt, es muss nicht darüber gesprochen werden. Als Anwender ist es häufig eine Erleichterung, das Thema nicht zu kennen. Man bleibt beständiger in der rechten Gehirnhälfte. Es ist ohnehin die Kraft oder besser die Ausrichtung des Herzens, die Wandlung bewirkt. Durch die resonante Verschränkung mit dem Schwingungszustand des Anwenders erhalten die zuvor „festgehaltenen - zu Teilchen gezwungenen Quanten" den Impuls, wieder zur Welle der verschiedensten Möglichkeiten zu kollabieren.

4. Punkt 1 ist hierbei das Thema - Punkt 2 die Lösung. Punkt 1 wird verbunden mit einer Hand - Punkt 2 mit der anderen Hand. Im Bewusstsein werden beide Punkte zu EINEM. Im göttlichen Bewusstsein gibt es weder Thema noch Lösung. Dieses „Hinausgestoßensein" in die Dualität ist der Wahn des irdisch „getrennten" Bewusstseins.


**„In Momenten der Stille und Hingabe, in einem Feld der Leere, entsteht ein Freiraum, in welchem die Dinge von selbst zueinander fließen."**

## 25. Schlusswort

Mir kommen all die Erzählungen aus der Bibel in den Sinn. Jesus hat dieses Feld der Quanten absolut beherrscht. Häufig sagte er aber auch: „Dir geschehe nach deinem Glauben."

Letztendlich muss es jeder für sich selbst verwirklichen. Von uns wird eine bewusste Entscheidung gefordert. Entscheide ich mich für die Lösung, für das Licht der Erkenntnis, auch wenn es kurzzeitig Schmerz bedeutet - Trennungsschmerz von einem Gedanken oder Glaubenssatz. Denn wir sind aufgefordert, die volle Verantwortung für unsere „Projektionen, schöpferischen Gedanken und für unsere Gefühle" zu übernehmen. Das, was uns im Leben begegnet, sind wir zu 100% selbst. Einer Erkenntnis, der man nicht unbedingt immer gerne ins Auge schaut.

Abschließend möchte ich noch jene Begebenheit vom oben genannten Buch des Wassermann-Evangeliums (Seite 194) zitieren, in welchem das Unvermögen der Apostel beschrieben wird, die wider Erwarten einem epileptischen Knaben nicht helfen konnten:

*15 Jesus und die Jünger kehrten in Susannas Heim zurück, und nach der Mahlzeit fragen jene Jünger, die das Kind nicht heilen konnten, ihren Herrn:*

*16 „Warum nur konnten wir nichts tun? Wir sprachen doch das Wort. Sogar das heilige Wort schien machtlos?"*

*17 Jesus sagte zu ihnen: „Euer immerwährender Erfolg hat euch ein wenig sorglos werden lassen. Habt ihr nicht die Machtbefugnis Gottes übersehen?*

*18 Ohne seine geistige Substanz ist dieses Wort nur eitle Rede. Und das Beten habt ihr auch vergessen.*

*19 Ohne dass ihr um den Glauben bittet, könnt ihr keinen wahren Glauben haben. Das Gebet ist wie die Schwingen eures Glaubens. Schwingen aber fliegen nicht allein.*

*20 Durch Glauben und Gebet könnt ihr die Gipfel hoher Berge niederreißen und ins Meer versenken. Hügel könnt ihr, Lämmern gleich, zum Hüpfen bringen, wenn ihr wollt.*

*21 Für euch war dieser Fehler des Versagens heilsam. In des Menschen Leben wird der größte Fortschritt durch die Fehler, die er macht, erzielt."*

*22 Wie dann die Jünger in gedankenvoller Stille meditieren, sagt der Herr: „Lasst diese meine Worte tief in eure Herzen sinken."*

❧

**Damit das Mögliche entsteht,
müssen wir immer wieder
das Unmögliche wagen.**

❧

附

Die Liebe ist die Frequenz des Göttlichen.

附

## Weiterführende Informationen:

Quantenmedizin: Heilung durch Rückprogrammie-
rung, Dr. Ulrich Warnke. 9. Symposium der
DGEIM, 13. Oktober 2007 in der Stadthalle
Heidelberg.

http://www.youtube.com/watch?v=bkE6662EWBo&feature=channel

Zitate Dr.Warnke:
*"Damit Spins ihre Eigenschaften ändern, braucht es Information."*

*"Spins sorgen für das Ordnungsschema."*

*"Energie x Zeit = Wirkung ... und das gibt Ereignisse"*

*"Energie : Zeit = Leistung, und deswegen ist Zeit letztlich eine Abfolge von Ereignissen."*

*"Es gibt kein physikalisches Gesetz, das nicht erlaubt, sowohl eine Zeitachse in die Zukunft zu haben, als auch gleichzeitig ein Zeitachse in die Ver-gangenheit." (Maxwellsche Gleichung)*

## Literatur:

Frank Kinslow – „Suche nichts-finde alles"